Jari Niemi

Den bästa ledaren

© 2024 Jari Niemi

Bokomslag design: Jari Niemi

Förlag: BoD · Books on Demand GmbH, Helsinki, Suomi

Tryck: Libri Plureos GmbH, Hampuri, Saksa

ISBN: 978-952-80-8392-4

Innehållsförteckning

Förord	1
Grunderna för den bästa ledarskap	4
Situationsmedvetenhet	7
Tänk på ledarskap	9
Ge tydliga mål	10
Respektera människor	11
Var rättvis	13
Gör ditt bästa	14
Kontinuerlig utveckling	15
Lär känna individerna	16
Leda var och en individuellt	17
Ge ansvar	18
Var sträng, men rättvis	19
Var tillgänglig	20
Var positiv	21
Motivera och belöna	23
Motivera	23
Ge feedback	26
Belöning och beröm	27
Delegera och ge ansvar	29
Utveckla teamet	30
Rekrytera rätt	31
Undvik dessa!	34

Speciella situationer	38
Våga be om ursäkt	42
Var beredd på överraskningar	44
Åtgärda problem omedelbart	45
Be om hjälp	46
Var öppen	47
Uppsägning	49
När anställd avgår	51
Ständig utveckling som ledare	57
Tidshantering	58
Ta hand om dig själv	70
Skapa din egen brand	73
Förändringsledarskap och kommunikation	76
Prestationskunskaper	80
Karriärtankar	97
Tycker du att du är den bästa ledaren?	102
Om författaren	105

Dedikerad till alla ledare - nuvarande och framtida.

Jag har alltid varit öppen för att dela information, min expertis och goda idéer. Jag har aldrig trott att det skulle vara ur mig när jag delar bra metoder och vanor med andra. Vice versa. Det är verkligen givande om jag kan hjälpa andra att utvecklas och avancera i sina karriärer. Öppenhet har också varit utgångspunkten för att skriva denna bok. Jag hoppas att detta ger dig tankar och idéer för ditt eget ledarskap!

Under åren har jag ofta fått frågan om mina ledarskapsprinciper. Jag har alltid handlett och coachat de som är villiga. Det har varit fantastiskt att se människor utvecklas och jag har också blivit en bättre ledare för varje möte.

Jag har försökt att i den här boken sammanfatta alla mina viktigaste tankar om ledarskap och lite om andra ämnen också. Jag är väldigt glad över att få feed-back om boken: De positiva till Twitter/X eller LinkedIn med hashtaggen #denbästaledaren och de negativa till e-posten **parasjohtaja@gmail.com**.

Förord

Vem är världens bästa ledare? Jag ser personligen det absoluta svaret på frågan som irrelevant: det spelar ingen roll. Tyvärr hittar du inte svaret på det i den här boken, men du kan hitta något viktigare: målet och medlen.

Tänk på en pensionär som ser tillbaka på sin karriär och de chefer han träffade på vägen. Vilken av dem var bäst? Vem är värst? Vem skulle han absolut aldrig vilja se igen? Och varför? Det är troligt att han har rapporterat till flera olika chefer under sin karriär. En del av dem minns han/hon bara svagt - de mellan ytterligheterna. Bara det bästa och det värsta har i synnerhet stannat kvar i hans minne. Han kanske inte minns flera "genomsnittliga chefer" alls. Vill du att han ska komma ihåg dig?

Du vill åtminstone inte bli ihågkommen som en dålig ledare. Vill vi inte alla vara en bra förman? Du behöver satsa på dina underordnade och dig själv. Tyvärr blir vägen inte helt problemfri.

Enligt min åsikt räcker det dock inte med "bra" i denna fråga. Varför sätta ett blygsamt mål när du kunde vara bäst? Borde du inte genast sätta ribban tillräckligt högt och vara den ledare som **alla** underordnade minns som den bästa av sin karriär?

Här betyder "bäst" inte arrogant "bäst i världen" och jämförelse med andra. Det innebär att visualisera den bästa möjliga versionen av dig själv för dina nuvarande underordnade. Fundera på vilken typ av ledare du vill vara för dem. Sätt upp ett mål och påbörja kontinuerlig utveckling. Vägen till att bli en bra ledare är en kontinuerlig och oändlig utvecklingsresa. Om du blir den bästa, kan du alltid bli ännu bättre. Resan fortsätter.

Grunderna för den bästa ledarskap

Många människor vill bli ledare. Många eftertraktar till och med så mycket att de är redo att göra nästan vad som helst för det. Och det finns inget med det. Det är bra att ha mål. Ibland händer det dock att när man äntligen blir ledare så slutar tänkandet där. Väldigt få människor ägnar sin tid åt att tänka på hur en bra ledare är eller hur man kan utvecklas till en. Ofta, efter att ha fått en position, börjar personen bara "leda" och fundera ut de problem som dyker upp. Början kan vara ett stort krångel, och det finns ingen tid att tänka på ledarstil och vilka effekter det har på arbetsplatsen.

Fundera på om du vill vara den ledare som dina underordnade kommer att minnas om tio år eller till och med resten av livet. Senare i karriären kommer dina teammedlemmar att fundera över vem som var den bästa ledare i karriären. Skulle du vilja att han skulle tänka på dig vid den tidpunkten? Kommer han ens ihåg dig överhuvudtaget? Eller så kanske du behandlade honom illa och du blir ihågkommen för det. Varför ska inte alla sikta på att bli så bra som möjligt, vilket kommer att minnas länge? Varför inte göra det till ditt mål att vara den **bästa ledaren**? Varför vara blyg för att sätta upp mål?

Målet är dock bara en del. Vad ska du göra för att bli en bra ledare? Tid bör användas regelbundet för att tänka på detta. Vilka konkreta förbättringar i din verksamhet tänker du göra härnäst? Ett bra sätt är att tänka i slutet av varje arbetsdag: vad sades, gjordes, hur påverkade det dina teammedlemmar och skulle du ha ändrat något nu? Om du märker misstag, försök att göra det bättre i liknande situationer i framtiden. Det är de små sakerna som betyder något. Fundera på vilken typ av ledare du vill vara och gör rätta förändringar!

Försök inte att vara likadan som en annan (beprövad) ledare. Hitta din väg och var dig själv. Det är användbart att observera hur bra ledare beter sig. Du kan få bra tips och tankeställare av dem. Alla är dock unika. Var och en av oss kan vara en utmärkt ledare! I den här boken ger jag dig några tankar att fundera över. Använd de saker som är vettiga för dig. Tänk kritiskt! Kom på dina egna principer som du kommer att följa i framtiden. Fortsätt utvecklas!

Ledarskap är en svår uppgift. Du kan inte bli den bästa ledaren bara genom att lära dig en lista över saker och skaffa dig vissa egenskaper. En bra ledare bör alltid ha situationsmedvetenhet och blick för spelet i olika situationer, även om en regel "förbjuder" ett visst sätt att agera. Sätt tydliga mål. Ge stöd till dina teammedlemmar så att de kan lyckas. Du måste vara genuint intresserad av dina underordnades karriärer och deras utveckling. Saker måste göras för att se till att de också kommer i den riktning de vill ha i sin karriär. Det kan innebära att de i framtiden kommer att bli dina kollegor och "till och med gå dig förbi". Detta kan vara för mycket för många äldre. En bra ledare är positiv, uppmuntrande och rättvis och tar också hand om sig själv.

Situationsmedvetenhet

Råden i den här boken kan komma i konflikt med varandra. Det går inte att tillämpa allt på alla situationer. En "mall" kan inte definieras universellt för ledarskap. Det är därför det är en svår uppgift.

Det borde finnas sunt förnuft och situationsmedvetenhet ovanför alla råd och instruktioner. Det som inte verkar rimligt är det oftast inte, även om läroboken säger det. Varje situation är olik och individuell. Godkända råd kanske inte fungerar i alla situationer. Det är därför man alltid måste ha ett situationsanpassat "öga för spelet".

Använd alltid sunt förnuft först. Fundera på vad som skulle vara bäst att göra vid den här situationen. Vad säger din intuition dig. Är det mot dina ledningsprinciper? Varför? Syftet är inte att överanalysera varje situation och lama hela din verksamhet. Målet är att agera snabbt, men också förnuftigt. Om du är osäker kan det vara lämpligt att följa "reglerna".

Lyssna med intresse andra chefers erfarenheter. Använd beprövade metoder från dem. Du kan också lära dig av andras misstag. Gör inte kända misstag. Alla gör misstag, men vissa av dem kan förhindras i förväg.

De svåraste utmaningarna är oftast olika problem och speciella situationer som man inte kan förbereda sig på. Kanske ditt förnuft säger en sak och din känsla säger en annan. Tänk noga på vad du gör. Vad är bäst för individen, teamet och organisationen som helhet? Alla dessa kan komma i konflikt.

Tänk på ledarskap

Fundera i förväg över vilken typ av ledare du vill bli när du kommer in i den rollen. Lista de principer som känns bra. Uppdatera dem vid behov. Håll listan lättillgänglig, till exempel på din telefon som ett dokument. Den ska vara kortfattat och tydlig. Även om du redan är en erfaren ledare är reflektion en bra tankeövning. Genom att följa andra och läsa böcker kan du hitta nya idéer. Om det verkar jobbigt att starta en lista, skriv först ner de saker du åtminstone inte gör som chef. Du kan också ta de idéer som presenteras i den här boken som grund och komplettera med idéer som passar dig.

Ge tydliga mål

Ingenting är mer irriterande än att få en stor lista med mål som är otydliga och inte prioriterade. Först och främst borde var och en av dem vara SMART[1]. Det ska inte finnas någon oklarhet eller tolkningsutrymme i målet. Vad menas, hur kan slutresultatet verifieras och i vilken tid ska det göras.

Dessutom borde målen vara i betydelseordning. Alla saker är inte lika. Om de inte prioriteras händer det lätt att de minst viktiga målen fixeras och de viktigaste inte. Detta beror på att vanligtvis är de enklaste att implementera de sista på prioriteringslistan.

---

[1] Specific, Measurable, Achievable, Relevant, Time-bound

Det är inte heller en bra idé att tilldela en underordnad för många mål åt gången. Det orsakar extra smärta och försvårar prioritering. Lägg först tillräckligt med tid själv för att prioritera: Vad som verkligen är relevant och vad som inte är det. Observera att världen förändras hela tiden. Är mål värda att utvärdera med jämna mellanrum, till exempel varje kvartal eller månad. Jag tycker absolut att det är värt att tänka på dem mer än en gång om året i utvecklingsdiskussioner.

Respektera människor

Allt handlar om att respektera andra, särskilt dina egna teammedlemmar. Var inte arrogant mot någon. Du kan alltid lära dig något nytt av andra, vare sig det är ett nytt perspektiv eller en idé om arbetssättet. Håll ett öppet minne.

Gott beteende tillhör arbetsplatsen och ledningen. Var artig och behandla andra väl. Ovanstående betyder inte att du ska förödmjuka andra eller låta andra kontrollera dig. Du kan till exempel argumentera och vara en "sträng" ledare, men alltid vara artig och respektera andra.

Naturligtvis finns det situationer då en ledare kan tappa förtroendet för sina underordnade. En teammedlems beteende kan vara så olämpligt att dess effekter är långsiktiga – ofta permanenta. Att ständigt bryta löften är till exempel svårt att förlåta. Även om du inte vill ha något med honom att göra längre, måste du fortfarande ofta jobba med honom. Situationen kan bli svår och kräva reflektion över hur dynamik kommer att fungera i framtiden. Mitt råd är att vara neutral och rakt på sak. Arbetsärenden hanteras tillsammans, men du behöver inte hantera någon mer om du inte vill.

Var rättvis

Gynna inte någon under dig eller var inte orättvis. Varje medlem i ditt team borde ha samma möjlighet att lyckas. Ge alla samma förutsättningar att utvecklas och få sitt arbete gjort. I synnerhet borde man vara rättvis i användningen av sin egen tid mot sina underordnade. I praktiken kan du därför inte ge din egen personliga tid (till exempel mentorskap) till bara några av personerna, om det fanns fler som ville. Alla vill inte ha uppmärksamhet så mycket, men det är bra att fråga dem jämnt också. Människor behöver ditt stöd och din tid på olika sätt. Det borde ges, men situationen kan inte vara obalanserad länge. En ledares personliga tid kan orsaka avund och osämja om vissa människor får det och andra inte.

Olika belöningar borde också balanseras. Det är inte en bra ide att belöna individer med monetära förmån offentligt. Det väcker direkt avund eftersom det i verkligheten alltid finns fler som skulle förtjäna förmån. Så belöna hela teamet och de exceptionella individerna separat. Samma tankar gäller då du ger bra feedback. Det är annorlunda att ge bra feedback till hela teamet än till individer. Om man talar väl om enskilda människor offentligt, då borde beröm komma till alla på kort sikt. Tänk alltid på hur du skulle känna i olika situationer!

Gör ditt bästa

Hitta inte på ursäkter för dig själv eller andra. Gör allt du kan för att du ska lyckas som ledare, nå dina egna mål och att dina teammedlemmar lyckas i sitt arbete. Om det kräver att du skottar gödsel, gör det. Positionera dig inte som en ledare i ett torn bara för att skicka order till andra. Om resurserna är knappa och du vet hur du kan hjälpa till att utveckla saker med ditt eget bidrag, engagera dig. Kom ihåg ändå att ledarskap alltid är din viktigaste uppgift.

Kontinuerlig utveckling

Även om det ofta pratas om att "överanalysera" och onödigt "älta" saker, tänk ändå på tidigare ledningssituationer. Målet ska vara att utveckla och förbättra saker i framtiden, och "inte sörja saker."

Analysera ditt arbete: Fortsätter du att göra samma misstag om och om igen, vilka är dina styrkor och svagheter? Tänk på speciella situationer och hur de skulle kunna förhindras i förväg och hanteras bättre i framtiden. Målet bör vara kontinuerlig utveckling på person-, team- och organisationsnivå. Du kan alltid bli bättre, du är aldrig "färdig".

Du behöver inte nödvändigtvis lägga mycket tid på analysen. För många saker kan det räcka med att tänka själv under en fika. Det är ofta bra att prata med andra. Du kan fundera mer i detalj på det viktigaste. Det är dock inte värt att ägna hela livet åt att analysera misstag.

Lär känna individerna

Ju bättre du känner dina teammedlemmar, desto mer sannolikt är det att du lyckas leda dem. När du känner till deras styrkor, personligheter och arbetssätt kommer du att bättre kunna leda dem. Om ditt team är helt nytt, ta lite tid att lära känna dem i början. Chatta och fråga direkt om de är nöjda, vad som kan förbättras och vilken typ av karriärönskemål de har. Organisera en gemensam kick-off där ni också kan spendera tid mer fritt med att göra något som inte har med jobbet att göra.

Teammedlemmarna är inte nödvändigtvis redan bekanta med varandra. Så det är bra att lära känna varandra och göra saker tillsammans. Det är också viktigt att ha ett lugnt samtal separat med var och en.

Leda var och en individuellt

Alla är olika människor. Var och en borde ledas på ett individuellt sätt. Vi beter oss ofta lite olika med olika människor. Ledningen borde också adapteras efter vem det gäller. En nybörjarjunior kan behöva instrueras mer djupare, medan en erfaren expert inte nödvändigtvis behöver "ledas" alls. Han vet hur man gör sitt arbete på ett självstyrt sätt. Ändå har även erfarna människor ofta bekymmer, även om de inte behöver stöd till själva arbetet. Det är viktigt att lyssna på bekymmer och göra allt för att få saker att gå i en bättre riktning.

Ge ansvar

Mikromanagera inte, utan låt proffsen göra sitt jobb i fred. Ge dem friheten och ansvaret att bestämma hur de gör sitt arbete. Ha dock alltid "fingret på pulsen" och övervaka situationen. Om saker verkar inte gå åt rätt håll, ingrip omedelbart och försök hitta en lösning tillsammans. En person är vanligtvis bättre motiverad när han själv kan bestämma över frågor som rör hans arbete. Så involvera dina teammedlemmar i planering och beslut om hur ni kan nå framgång tillsammans.

Det är ofta svårt att bedöma vad som är rätt nivå för att övervaka saker så att det inte hamnar i mikrohantering. Det viktigaste för en ledare är att få sin organisation att nå sina mål. Om man inte kan tillräckligt mycket om saker och ting kan det vara svårt att veta vart man ska ta vägen. Om du däremot är för nära involverad och bestämmer dig för varje detalj dödar det motivation och innovation.

Var sträng, men rättvis

Det är inte värt att vara diktator eftersom det kväver atmosfären. Det behövs dock strikhet. Det finns bara en liten gräns där ledarskapet blir för strikt. Situationen måste finjusteras hela tiden. Om teamet är perfekt självstyrt och effektivt är ledningen lätt.

Var alltid rättvis. Behandla alla lika. Om du är sträng, var sträng mot alla. Ett av de enklaste sätten att förstöra en persons motivation är att behandla dem sämre än andra. Även mycket små saker påverkar. Så se till att du alltid berömmer alla när det är dags. Var konsekvent. Behandla inte andra ojämlikt. Detta kan ibland vara utmanande eftersom alla ska ledas på sitt eget speciella sätt.

Var tillgänglig

Förutom att sköta sin egen organisation har flera chefer kundansvar eller andra utsädda uppgifter. Vissa tycker att kunden är prioritet nummer ett, medan andra tycker att det egna teamet är det viktigaste. Chefen måste tänka på prioriteringsordningen ur organisationens synvinkel, att det finns tillräckligt med tid för att betjäna alla.

Att betjäna kunden är viktigt eftersom han/hon ofta "betalar allas löner". Din uppgift är att avbryta ditt arbete när en kund ringer eller kommer på besök. Dessutom behöver ditt team dig. Gör allt för att hjälpa ditt eget team och ta bort hinder för deras framgång. Avbryt ditt eget arbete när en gruppmedlem ringer eller kommer på besök – om det överhuvudtaget är möjligt. Ge din fulla uppmärksamhet när du kommunicerar med en annan person. Den andra personen får en känsla av att du verkligen bryr dig och är intresserad av honom/hon. Alltid hjälp.

Ledaren är vanligtvis i korselden av störningar hela tiden. Du måste vänja dig vid det. Kunden, teammedlemmar och andra samarbetspartner avbryter dig hela tiden. Dessa ska dock inte ses som störningar. De är möjligheter att betjäna bättre. Att prioritera sin egen uppgiftslista är utmanande för en chef. Hur man organiserar arbete relaterat till kund, team och andra. Arbetslistan måste justeras hela tiden. I slutet av boken finns idéer och hjälp för detta problemområde.

Var positiv

Var själv ett exempel och var positiv. Om du hoppas att arbetsmiljön är god, gör åtminstone inte det dystert själv. Naturligtvis behöver man inte vara överdrivet positiv hela tiden, men den allmänna stämningen borde vara glad. Ingen vill jobba med negativa människor. Ett leende och en bra känsla ger också glädje i miljön och det sprider sig.

Försök alltid att vara positiv och se den goda sidan av saker och ting. Mata aldrig de negativa själv eller följ aldrig med de elaka kommentarer. Negativiteten sprider sig som en löpeld. Det för aldrig saker framåt. Alla uppgifter på jobbet är inte alltid trevliga, men du ska inte klaga på dem och uppmuntra andra att göra detsamma. Positivitet borde också beaktas vid rekrytering.

Motivera och belöna

Att motivera är en av de viktigaste sakerna inom ledarskapet. Även en felaktig mening kan förstöra motivationen under lång tid. När målen är tydliga och väl kommunicerade rekommenderar jag att vara en **betjänande ledare**. Det betyder inte att göra saker för underordnade. Tanken är snarare att stöda och sparra, dörren alltid öppen. När utmaningar uppstår fokuserar ledaren inte på att hitta de skyldiga, utan på att stöda sina underordnade. Situationen är denna, vad skulle vara den bästa vägen framåt härifrån? Vad kan vi lära oss av detta så att vi kan förhindra problemet i förväg i framtiden eller vara bättre förberedda på det?

Motivera

Motivation är naturligtvis en mycket viktig faktor. En motiverad teammedlem kommer garanterat att göra ett bättre jobb. Försök varje dag att tänka på hur du kan öka allas entusiasm för arbetet. Motivation kan delas in i två områden:

1. Eliminera alla saker som kväver entusiasm.
2. Lägg till saker som ger positiv energi.

Motivation är som förtroende: Det kan ta lång tid att bygga upp, men det kan gå förlorat på ett ögonblick. En dåligt hanterad situation kan helt döda lusten att arbeta. Så kan dina handlingar och de saker du inte gjorde.

Försök alltid att vara försiktig och undvika att säga eller göra fel saker. Fundera på vad som är rättvist. Människor motiveras av olika saker. I allmänhet är dock saker som har med desmotivation att göra vanligare än motivation. Du kommer långt genom att vara rättvis, positiv och artig mot alla. Det viktigaste är att undvika saker som tar bort eller minskar motivationen. Om du kan göra det har du kommit långt.

Efter detta kan du fokusera på saker som ökar motivationen. Inget hjälper dock om det går fel redan för att undvika desmotivation. Med dåligt beteende är entusiasmen hos underordnade nära noll. Å andra sidan, positiva saker höjer det några "grader" åt gången.

Man tror ofta att pengar och olika förmåner motiverar människor. Det är säkert sant att ersättningen bör ligga på en tillräcklig nivå. Å andra sidan, efter att ha uppfyllt dessa "grundläggande behov", så väger saker som är gratis eller nästan gratis. Det kan till exempel vara trevliga medarbetare och atmosfär, tillräckligt med beröm, möjlighet att påverka sitt eget jobb och mål samt flexibla arbets- och semestertider.

Vanligtvis kan kreativa små saker ha en riktigt stor betydelse. Till exempel kan rosor för organisationens kvinnor på kvinnodagen vara en liten och uppmuntrande gest. På samma sätt, om du och teamet har överlevt en svår situation tillsammans, kan det ha en långsiktig inverkan på arbetsglädjen och viljan att engagera sig i organisationen. Särskilt om chefens agerande och beteende i den situationen har varit utmärkt. Denna person kan kommas ihåg positivt under lång tid.

Ge feedback

Alla behöver feedback för att bli bättre. Å andra sidan tolereras inte alltid kritik. Optimalt sett kunde feedback ges direkt så att mottagaren tar det som en möjlighet att utvecklas – inte som en negativ kritik. Utan information om det egna beteendet är det svårt att utvecklas. Det krävs god självkänsla och självkännedom för att lägga märke till sina egna misstag. Även om det är bra att ge kommentarer om arbetsprestationer direkt, bör den andra personens karaktär beaktas. Det är inte meningsfullt att såra någons känslor. Men saker ska inte döljas heller. Att ge direkt feedback kan också motiveras med att man talar om kontinuerlig utveckling. Alla är bra på något och det finns alltid saker att förbättra.

Belöning och beröm

Man ska alltid berömma underordnade om det finns ens den minsta anledning till det. Det är värt att säga ett gott ord om även små saker. Det finns ingen anledning att inte ge bra feedback. Alla mår bra när de får höra att de har gjort saker bra, att de har kommit på en bra idé eller något positivt. Beröm förbättrar vanligtvis motivationen. Undvik dock att "överdriva" för att undvika en sarkastisk ton. Kollegor och arbetsledare vill också höra positiva saker. Feedback är viktigt för alla och på alla nivåer. Vi kan alltid förbättra oss.

Om du har möjlighet att belöna bra prestationer, gör det alltid. Även en liten belöning är bättre än ingenting. På längre sikt är ett bra motivator en löneökning. Goda medarbetare ska behållas och lönerna höjas för ett kontinuerligt arbete med hög kvalitet.

Det är dock viktigt att notera att belöna individer kan orsaka avundsjuka hos andra. Det är därför jag rekommenderar att man belönar individer privat och hela teamet tillsammans. Om de flesta i laget har gjort ett bra jobb är det ofta mer meningsfullt att belöna hela laget.

Delegera och ge ansvar

Även om du borde hjälpa dina teammedlemmar, kan de också hjälpa dig. Hitta en rimlig gräns mellan vad du delegerar till dem och vad du själv gör. Vanligtvis motiverar det att ge ansvar och makt till någon annan. Var inte för påträngande och mikromanagera. Låt teammedlemmarna faktiskt slutföra uppgiften som de tycker är lämpliga. Övervaka situationen och erbjuda stöd. Det är lätt att "engagera sig" för mycket i en uppgift som ges till någon annan. Det viktigaste är att nå målet, inte vanligtvis vägen dit.

Ditt team är fantastiskt. Kraften hos individer och gemenskap är stark. Människor tenderar att utföra mycket mer utmanande uppgifter än du kanske tror (eller än vad de själva tror). När den utmanande uppgiften är klar är stämningen himmelsk. Att gå in i obehagszonen utvecklas alltid.

Utveckla teamet

Du borde hjälpa dig själv och ditt team att utvecklas kontinuerligt. Tyvärr vill inte alla detta. Ändå måste jämställdhet beaktas. Alla erbjuds en chans, även om de inte vill ta den. Det är okej.

Fundera på olika sätt att främja teamframgång på lag- och individuell nivå. Alternativ kan till exempel vara självnorganiserade eller köpta utbildningar och kurser, gemensamma workshops, retrospektiv eller mentorskap och coachning. Du borde prata med varje individ om hur de skulle vilja utvecklas och sedan tillsammans planera hur du ska gå vidare i den riktningen. Kom ihåg att planen också måste genomföras, så att den inte bara förblir en bordslådövning.

Utvecklingen av underordnade involverar också deras karriärplanering. Fråga vad den underordnade vill sikta på. Planera tillsammans vilka förutsättningar det skulle kräva. Agera därefter. Du kan inte lova en specifik position till någon i förväg. Men tillsammans kan ni leta efter den typ av utbildning och erfarenhet som skulle göra ett nytt jobb möjligt.

Rekrytera rätt

Rekrytering är en av chefens viktigaste uppgifter. På det är definitivt värt att ständigt förbättras. Rekrytering behövs av två skäl: för att ersätta personer som har uppsagt sig och för att möjliggöra tillväxt. Även om tillfredsställelsen hos teamet och individerna är hög, kommer någon ändå att uppsäga sig inom kort. Folk flyttar, de kanske vill ha en förändring och lämnar av många andra anledningar, även om de är nöjda. Det är självklart att missnöjda människor slutar så fort de hittar ett bättre jobb.

Företag vill växa, och det är därför ditt team vanligtvis behöver fler par händer. Du kan vara ständigt under hela året i rekryteringsprocessen. Så det är värt att ta en positiv inställning till anställningen – den är en integrerad del av din arbetsbeskrivning.

Rekrytering är en svår uppgift. Ju sällsyntare kompetensen är, desto svårare är det att locka sökande till ditt team. Ofta kan det till och med hända att du inte får några ansökningar. Även om det finns sökande kanske det inte finns någon du vill anställa bland dem. Det är värt att tänka på att rekryteringsprocessen kommer att ta upp mycket av ditt arbete och din kalendertid.

Allt utgår från bilden av företaget och dig. Potentiella kandidater kommer säkert att studera hur ditt företag ser ut på sin webbsida, på LinkedIn, i nyheterna och i allmänhetens ögon. Likaså kommer du att utredas. Du borde göra dig själv och ditt företag så attraktiva som möjligt (ärligt talat såklart). Det är långsiktigt arbete genom åren, en veckas trick hjälper inte.

Tänk noga på vilken typ av meddelanden du gör. Det är värt att försöka sticka ut från mängden. De flesta av jobbannonserna är (tråkiga grå) samma spår. När texten är bra är det värt att annonsera överallt, speciellt på LinkedIn. Ju mer du har haft kontakter under åren, desto bättre synlighet kommer ditt meddelande att få.

Det lönar sig att alltid fråga dina underordnade och vänner om rekommendationer. Och också gå igenom dina LinkedIn-kontakter – kan du hitta potentiella kandidater där. Detta understryker också det bästa ledarskapets långsiktiga arbete: om du har lämnat en positiv bild av dig själv till andra kan jobbet du erbjuder säkert intressera dina gamla bekanta.

Undvik dessa!

Varför finns det dåliga ledare i världen? Åtminstone baserat på min egen observation finns det många av dem. Å andra sidan verkar det finnas väldigt få bra. Den här boken har gått igenom de frågor och egenskaper som bra ledare har. Så man kan omvänt tro att dåliga ledare inte har dessa egenskaper.

Det här stycket listar riktigt dåliga egenskaper (delvis omvända frågor som redan har diskuterats på andra ställen i boken). Man kan säga satiriskt att om du undviker dessa metoder och egenskaper är du redan ganska långt framme. Men det gör dig inte ännu en bra ledare.

Allt olämpligt beteende är helt oacceptabelt. Detta omfattar alla handlingar mot goda seder. Att skrika har aldrig motiverat någon. Att förringa en annan person eller saker som är viktiga för dem gör slut på den sista respekten för ledaren. Att lyssna är mycket viktigt, så att avbryta den andra personen eller prata över dem är oartigt. Alla fysiska olämpligheter, som att slå i bordet med knytnäven eller slå igen dörrar, är väldigt barnsliga och visar främst på bristande självkontroll.

Att gynna en eller ett fåtal underordnade i jämförelse med andra räknas också som dålig ledarskap. Att jaga de skyldiga skapar en atmosfär av rädsla och kväver organisationen. Att ständigt störa underordnade med nya uppgifter utan arbetsfred motiverar ingen. Relaterat till detta är bristande prioritering ett av de värsta ledarskapsmisstagen. Vi undrar ofta varför underordnade inte presterar. De är ofta överbelastade av uppgifter och de är inte prioriterade. Att bestämma betydelseordningen är chefens uppgift. Du kan inte bara fylla deras inkorg med allt du vill att de ska göra.

Obeslutsamhet och för snabba/ogenomtänkta beslut hör på sätt och vis till samma kategori. Det är inte värt att fatta ogenomtänkta beslut, men å andra sidan kan man inte ta evigheter att fatta ett beslut. Något slags beslut är viktigare än inget beslut alls. Du kan alltid omvärdera situationen om yttre faktorer förändras.

Till sist, ytterligare en kategori: "onödigheter". Har du någonsin (eller ofta) fått helt konstiga uppdrag enligt dig? Du kan inte alls förstå varför det här ska göras. Kanske försöker du till och med ifrågasätta varför det görs eller föreslå något annat (men uppdraget ändras inte). I slutändan gör du enligt ditt uppdrag, men du undrar alltid varför det gjordes i första hand.

Det är möjligt att den som ger uppdraget vet något (vilket den underordnade inte vet) och i ljuset av den kunskapen är uppdraget vettigt. Detta är säkert fallet i vissa fall. Ändå slår det mig ofta upp att saker och ting inte övervägs ett steg längre, och vad som följer av dem. Ofta går barnet med badvattnet när det försöker "rädda" en KPI[2] och "resten är irrelevant".

---

[2] Key Performance Indicator

Speciella situationer

Ledarskapet kan verka enkelt när allt "går bra". Verkliga färdigheter vägs när det är speciella situationer eller svåra perioder på grund av miljön. Speciella situationer kan vara svåra från kant till kant. Ofta tror en chef efter tio års erfarenhet att alla situationer redan har upplevts. Detta är mycket sällan fallet.

Särskilda situationer kommer ofta oväntat, och pressen kan vara intensiv att lösa situationen eller fatta ett beslut. Det löner sig alltid att fundera på om situationen kräver omedelbara åtgärder eller om du kan tänka på det ett tag. Å andra sidan kan man inte undvika ett beslut. Sällan är situationen så akut att åtgärder måste vidtas omedelbart (till exempel om människor skulle vara i omedelbar fara).

Livet är mångformigt och det återspeglas även på arbetsplatsen. Fritidsevenemang har inte alltid en direkt koppling till arbetslivet, men vi är alla människor trots allt. Om något speciellt eller negativt händer på den privata sidan kan de sakerna snyrra i minnet under arbetstid och därmed påverka din prestation. Detta skapar ofta svåra situationer för chefen att ta hänsyn till.

Till exempel, döden av en älskad av en underordnad eller till och med döden av den underordnade själv är känslomässiga situationer. Stöd och lyssnande bör erbjudas den underordnade och resten av teamet, på vilka den känslomässiga situationen avspeglas. Det är dock ingen bra idé att ta hand om alla bekymmer och sorger hos dina underordnade. Det blir snabbt för tungt. Hjälp kan oftast fås för både den underordnade och chefen från flera olika håll: företagshälsovård, HR, en kollega, en mentor eller egen förman. Det lönar sig att ansöka stöd vid behov. Rekommendera det också till en underordnad i en utmanande situation, men ingen kan tvingas ta emot hjälp.

En bra tumregel är att hålla sig lugn och inte bli nervös. Även om saken är mycket svår och till och med personlig, försök att vara så objektiv som möjligt.

Att ta det lugnt betyder inte långsamhet. Ibland finns det situationer där man måste agera väldigt snabbt. Ibland måste beslut fattas väldigt snabbt och det finns inte mycket tänketid.

Ta vid behov en paus eller sov över natten på svåra ställen. Det uppstår situationer där många frågor snurrar i chefens huvud:

- Hur når vi målet?
- Hur tar jag hand om mina underordnade?
- Är jag rättvis mot alla?

- Tänker jag på helheten?
- Hur påverkar detta kundrelationen?
- Vilka är de ekonomiska konsekvenserna för företaget (rykte)?
- Hur påverkar detta hela teamet?

Svaren kan motsäga varandra. Så vad är viktigast? En svår fråga.

"Behandla väl"-principen får inte gå för långt. Även om man tar hand om underordnade, kan de inte "besittas" och jämställdhet måste komma ihåg. Även om man vill vara snäll mot alla hela tiden så är det inte nödvändigtvis alltid möjligt. Å andra sidan man kan inte undvika nödvändiga beslut om de behövs.

En klassisk situation är: du har en toppperson i ditt lag som gör hårt resultat men inte kommer överens med andra eller till och med terroriserar resten av laget. Ska han behållas i gruppen eller inte? Om det är en narcissist eller en person som medvetet orsakar dålig stämning i teamet så tycker jag att han ska flyttas bort från teamet. Situationer är dock inte alltid så svarta och vita, så noggrann utredning och övervägande krävs innan beslut fattas.

Kulturella skillnader kan också orsaka speciella situationer. De kan öka möjliga missförstånd och skapa tvister som annars kanske inte existerar. Ledarens uppgift är att hitta den rätta balansen så att varje individ kan vara som den vill. Du borde dock alltid ta hänsyn till andra människor. Ibland är konflikter svåra att lösa.

Våga be om ursäkt

Ånger och ursäkter är ibland alltför sällsynta i arbetslivet. Om något har gått fel eller till och med möjligen gått fel kostar en (uppriktig) ursäkt ingenting. Det kan lätt utlösa krisen ännu mer i en svår situation.

Jag har ofta bett om ursäkt i mitt yrkesliv, även om jag inte känt att jag gjort något fel. Ibland har jag bett om ursäkt på uppdrag av en annan person eller den organisation jag representerar. Någon kanske frågar varför ber du om ursäkt om du inte har gjort något? Svar: spelöga.

Det är inte alltid det viktigaste att ha rätt. Ibland är det bäst att bara släppa situationen så att den inte blir värre. Tänk på schackdragen ett par steg framåt, och hur de olika svaren kommer att främja situationen. Jag menar inte att man ska ta skäl på sig själv hela tiden. Poängen är att en person med god självkänsla ser helheten, snarare än att självviskt bara tänka på sig själv.

Var beredd på överraskningar

I praktiken blir det aldrig som man ursprungligen hade tänkt sig. Längs vägen lär man sig nya saker, människors åsikter kan förändras eller någon yttre händelse ändrar verksamhetsmiljön. Du bör förbereda dig mentalt och med goda processer för förändringar och överraskningar.

I planeringen är det alltid vettigt att komma överens om vilken process som ska användas för att reagera på förändringar (i miljön). Ett väl överenskommet och dokumenterat arbetssätt i förväg underlättar i hög grad hanteringen av förändringar. Om det inte finns någon process eller det börjar bli överenskommet i all hast finns det ofta en frestelse att "rätta till". I praktiken finns det inte tillräckligt med tid att tänka på vad som skulle vara ett bra handlingsplan. Förändringar kan också vara bra och i så fall måste man veta hur man använder all sin potential. Processen kan vara lätt eller tung, men det är värt att komma överens i förväg. I agila metoder är förändringar vardag. Överraskningar är inte nödvändigtvis yttre. De kan inte alltid förberedas med rutiner eller processer. Var ändå mentalt förberedd eftersom de alltid kommer upp.

Åtgärda problem omedelbart

Problemen växer sig större ju längre de lever. Ingrip så fort du ser en dyka upp. Det är också värt att uppmuntra en atmosfär där alla tar upp utmaningar på eget initiativ och löser dem tillsammans utan att skylla på. Det är värt att berätta om de hittade saker och kommunicera dem till de nödvändiga teamer. Att gömma dem hjälper inte. Oftast kommer de upp ändå.

Ju tidigare du har kommunicerat om problemet, desto lättare är det att hantera dem. Det skapar också en öppen atmosfär, och kunden eller andra teamer behöver inte ständigt frukta att "något är dolt". De kan lita på att de kommer att bli medvetna när de uppstår. Problem kan hanteras artigt och konstruktivt. Att skylla hjälper inte. Låt oss hellre fokusera på deras lösning än på vem som orsakade dem.

Be om hjälp

Om du stöter på ett problem som du inte kan lösa själv eller ditt team borde du be om hjälp snart. Om du har möjlighet att eskalera ärendet högre upp i din organisation, gör det omedelbart. Det är värt att be om hjälp och leta efter den i stor skala. Detta gäller för alla problem, oavsett om det är projektleverans eller en miljökatastrof.

Var öppen

Generellt sett är full transparens en bra grund för olika situationer. Du måste dock alltid komma ihåg gott uppförande och artighet. Att dölja eller skjuta upp saker har inga positiva effekter. Det är därför det är värt att berätta de obehagliga sakerna så fort det är möjligt.

I allmänhet hjälper det inte att överdriva eller underskatta saken, utan vänder sig mot sig själv. Om det finns ett problem eller negativa nyheter är det en bra idé att förklara vad det betyder för människor efter att ha berättat för dem. När något händer och hur man går vidare från detta. Låt mig veta om det finns en lösning.

Ibland finns det saker som inte kan berättas direkt eller alls. Det kan finnas ett juridiskt skäl eller sekretesskäl. Dessa kan vara svåra saker för en ledare att hålla inne.

Ofta finns det ingen att diskutera dem med. Du kanske till exempel vet att företaget måste inleda förändringsförhandlingar, men du kan inte offentliggöra det ännu. Håll dig lugn och förbered en presentation om saken.

Tänk i förväg vad du kommer att svara om någon frågar om det direkt eller indirekt. Det kan till exempel finnas en situation där chefen "tvingas" att ljuga om att han inte vet något om saken. Det här kan vara riktigt ansträngande situationer för en ärlig ledare som inte vill ljuga för någon. Det går ofta att klara av situationen genom att tala sanning. Om lögn är det enda sättet, försök då motivera det för dig själv, annars kan kroppsspråk och ansiktsmikrorörelser lätt avslöja saken för en vaken person. När ärendet publiceras: ange att du inte kunde berätta om saken tidigare.

Uppsägning

Ibland befinner vi oss i en situation där det verkar som om det bara finns ett alternativ: uppsäga personen. Det kan vara en riktigt svår tid mentalt för chefen (och givetvis för teammedlemmen i fråga). Det är värt att noga överväga om detta är rätt sätt att gå tillväga eller om det finns andra alternativ.

Först och främst är det viktigt att skilja mellan två olika situationer: teammedlemmen har motivationsutmaningar eller så kan han inte. Om en person har motivation, men saknar nödvändiga färdigheter, kan du undra om träning skulle hjälpa. Ibland kan det vara för lång väg, men oftast inte. Skulle det vara möjligt att byta arbetsuppgifter eller byta befattning inom företaget? Ofta är detta en bra väg att gå, men det behöver ändå inte sluta bra.

Om det å andra sidan finns problem med teammedlemmens attityd, ta reda på vad den verkliga bakomliggande orsaken är. Detta kan variera från den ena sidan till den andra: det kan vara en svår tid i det privata livet, det kan vara avundsjukhet eller missnöje med lönen. Man kan ta reda på den verkliga orsaken genom att diskutera eller resonera, men det är inte alltid möjligt. Ta reda på om det kan påverkas på något sätt.

Tyvärr går det ofta inte att ändra attityden. I det här fallet kan du fundera på vad som skulle vara det mest smärtfria sättet att personen fortsätter i ett annat företag. Och specifikt det enklaste och mest subtila sättet för en teammedlem. Att bli uppsagd är i sig en väldigt obehaglig situation för en person. Hur situationen kommuniceras och diskuteras är verkligen kritiskt. Saker kan presenteras på flera olika sätt.

När anställd avgår

Att bli uppsagd är en svår situation, men du kommer att lämnas oftare än tvärtom. När en anställd berättar att han/hon säger upp sig och lämnar företaget kan det bli en svår situation för chefen. Ofta kan det till och med vara din egen "högerhand" och självrekryterade kreditperson. Det kan kännas riktigt illa och många frågor och känslor börjar snurra i huvudet. Varför går han när jag har tagit så väl hand om honom på alla sätt? Stämningen kan snabbt förändras från chock till förnekelse, besvikelse och till och med ilska.

Jag har sett och hört historier om riktigt dåligt hanterade uppsägningssituationer. Ledaren kan bli röd och bli så arg att den underordnade skälldes upp och kallas förrädare. Vill upprepat veta varför detta händer och inte accepterar situationen. Vi försöker till och med vädja till känslorna att du inte kan lämna för att du är oersättlig. Inte så här.

Jag måste erkänna att den här frågan har varit svår för mig själv, särskilt i början av min karriär. Ja, det känns dåligt när man har satt sin egen tid på mentorskap och sedan går personen. Det krävs mycket tillväxt för att bättre kunna anpassa sig till situationen.

Det viktigaste är att ändra sin egen inställning och inställning till uppsägningar. Vi äger ingen. Folk kommer att lämna även om vi gör saker riktigt bra och är den bästa möjliga ledaren för dem. De lämnar av många olika anledningar: deras livssituation kan förändras, de vill ha snabbare karriärutveckling, bättre förmåner, en förändring i branschen eller ett experiment i andra företag. Det kan också finnas en möjlighet som är så attraktiv att du inte kan tacka nej.

Det är dock bra att vara medveten om att ofta en person lämnar på grund av sin förman. Idag efterfrågar människor bra ledarskap, sparring och mentorskap. Vi söker en top förman. Så när din underordnade avgår (oavsett den yttre orsaken), är det alltid en plats för ärlig analys. Var jag anledningen till uppsägning? Läget bör analyseras ändå: Skulle det ha varit det något som kunde ha gjorts i förväg för att personen inte skulle gå? Kunde du ha förbättrat ditt eget ledarskap?

En annan viktig sak är att hantera situationen väl. Hur du beter dig kommer att ha en betydande inverkan på om personen eventuellt skulle vilja komma tillbaka en dag. Om du hanterar situationen dåligt kommer personen definitivt aldrig tillbaka och kommer att sprida information om det dåliga bemötandet. Kom ihåg att du representerar företaget där du jobbar. När du hanterar situationen positivt, kommer du att minnas.

Så vad gör du när en person kommer till dig och berättar att de avgår? Du bör först lyssna lugnt på vad personen säger, utan att avbryta. Ofta berättar personen också varför de avgår (åtminstone den artiga versionen). Du ska alltid svara uppriktigt att du verkligen är ledsen att höra att han går. Om du inte visar något upprörd är det verkligen konstigt, men du kan inte fejka det heller.

Fråga om det finns något man kan göra? Skulle vi kunna ordna arbetsuppgiften på ett trevligare sätt? Skulle en helt ny tjänst inom företaget vara vettig eller är lönen det största problemet? Ibland vill en person inte lämna och det kan vara möjligt att förhandla. Då tycker jag att det är värt att göra. Ofta är beslutet redan fattat och inget kan göras.

Beröm den underordnade och berätta för honom vilket bra jobb han/hon har gjort. Självklart kan man inte ljuga. Om personen är någon du skulle vilja stanna kvar, så har hon/honom förmodligen gjort ett bra jobb. Tack för tiden tillsammans. Säg också att du förstår och att det verkligen är tråkigt att den andre går. Säg att hon/han kan använda dina rekommendationer från och med nu för alltid. Säg att du inte ens behöver fråga separat i framtiden. Jag tycker att det här är en bra gest. Jag rekommenderar gärna en bra anställd och förbättrar hans/hennes möjligheter till karriärutveckling i framtiden.

Jag säger också till dig att kontakta mig vid en låg tröskel om du vill diskutera en eventuell retur i framtiden. Behöver du en sparringpartner kan du alltid höra av dig. Oavsett om det är en vecka, en månad eller tio år från nu.

Så det viktigaste är att hantera saken positivt från början till slut och få den andra personen att känna sig som "nej skojar, jag trodde att den här uppsägningen skulle bli svår, men det lämnade mig med en bra känsla!" Om en person avgår med ett positivt känsla kan han komma tillbaka en dag. Hur som helst kommer du förmodligen att möta på honom senare i någon situation. Han/hon kan till och med bli din framtida förman. Finland är ett litet land.

Du bör också komma ihåg att sköta alla praktiska ärenden exact och noggrant: slutlön, återlämning av arbetsredskap och liknande. Kom själv till kontoret sista arbetsdagen, bjud på lunch och minns de trevliga stunderna tillsammans. Det sista handslaget med ett leende.

Ständig utveckling som ledare

Rid inte eller skryta inte om dina tidigare meriter. Ett gott rykte som sakta byggs upp under tio år kan förstöras på fem minuter. Överdrivet sagt även en felaktig mening kan förstöra andras bild av dig. Så var korrekt och ta hänsyn till andra.

Som ledare borde du alltid sträva efter att förbättra dig. Kontinuerligt lärande förbättrar dina framtida möjligheter i din karriär och som person. Det är också fint att se sin egen utveckling. Man bör vara en bättre ledare i morgon än idag.

Världen förändras hela tiden. Så är det med teknologier, branch, människor och processer. När du är ivrig att utveckla dig själv hjälper det också i ledningen. Man ska vara öppen för olika saker. Ofta finns goda idéer för ditt eget arbete inom andra områden, litteratur och mötet med olika människor.

Jag tror starkt på processer och deras kontinuerliga utveckling. När det finns ett fungerande program hjälper det att leda även genom svåra tider. Tydliga regler och ett arbetssätt hjälper. I det här avsnittet ger jag några idéer och tips på hur man hanterar olika saker. Nyckelorden är effektivitet och att nå mål. Angående det första är det bra att komma ihåg att även om tid sparas så används den frigjorda "banan" oftast till något annat. Med andra ord, effektivitet ger inte nödvändigtvis mer fritid till kalendern. Ändå ger det oss fler möjligheter att bestämma vad vi lägger fritiden på.

Tidshantering

Det finns flera olika perspektiv på effektivitet och tidshantering. Här presenterar jag mitt sätt att arbeta.

Det kan vara helt eller delvis självklart för många. Jag hoppas att du får åtminstone några tips eller idéer om hur du kan förbättra ditt eget sätt att arbeta.

Alla ska tänka på sin egen användning av tiden – på jobbet och på fritiden. Du spenderar aldrig bara din egen tid, utan nästan alltid andras också. Särskilt i en chefs arbete påverkar du tidsanvändningen för dina underordnade (och vanligtvis, i mycket större utsträckning, andra människor). Det är värt att komma ihåg att teammedlemmar vanligtvis lyder när de uppmanas att göra något. Om du ständigt bombarderar dem med olika förfrågningar (i värsta fall fortfarande utan prioritering), kommer de inte att hinna göra något annat (= riktigt viktiga uppgifter).

Vid tidshantering löner det sig att alltid tänka på olika perspektiv: Kommer detta att föra oss framåt på lång eller kort sikt? Vad är alternativkostnaden för att jag gör det här (eller instruerar mina underordnade att göra det)? Kom ihåg den gamla goda 80/20-regeln: 20 % av arbetsinsatsen brukar ge 80 % av resultaten. Räcker det? Vanligtvis är det det. Mycket ofta fördjupar vi oss i byråkrati och olika "små grejor". De ger visserligen känslan av att göra något, men de bidrar egentligen inte till någonting. Gör dem inte. Du löner sig att göra ditt eget system för tidshantering och utveckla det kontinuerligt.

Mål - Titta på bollen och målet

Förklara först för dig själv vilka dina egna mål är och deras prioritering. Ska de uppdateras? Från och med nu, i alla lägen, fundera på om att göra saken bidrar till att nå målen eller inte. Om svaret är "nej" eller du är osäker borde du inte göra det alls. Om att göra något inte främjar dina mål, varför skulle du då göra det? Det låter självklart, men enligt mina observationer gör folk många icke-relevanta saker varje dag.

Någon skulle kunna kritisera att "det finns bara de här andra obligatoriska uppgifterna". Ja, ibland måste du göra vissa uppgifter som inte främjar dina mål. Sedan kan du fundera på om du inte ska göra det eller delegera det. Lägg i alla fall så lite tid som möjligt på det. Själv använder jag **femminutersregeln** för sådana uppgifter. Mer om det senare.

Skärande av arbetsuppgifter

Som ledare har du ett stort inflytande på andra männikors tidshantering. Försök att eliminera onödig aktivitet. Kom ihåg dina mål och de aktiviteter som faktiskt (inte till synes) främjar dem. Fundera noga på vilka uppgifter (uppfunna av dig själv eller givna från ovan) du ger dina underordnade och hur du ger dem. Fokusera på tydlighet. Vad vill du att de ska göra? Vad är det önskade slutresultatet och dess schema. När underordnade får möjlighet att välja sin egen väg för att nå målet utvecklar det också dem. Kom ihåg att även andra anställda har begränsad arbetstid. Det är inte värt att tvinga på dem alla möjliga uppgifter. Prioritering är viktigt: vilken av de givna uppgifterna är viktigast.

Kalender

Många har en full kalender. Palaver efter palaver – bra om man hinner äta lunch, eller ta mindre pauser. Chefers kalendrar är ofta full bokade eftersom många vill boka möten i dem. Om du har palaver från morgon till kväll, när hinner du egentligen göra viktiga uppgifter? Till exempel planera försäljning, förbereda presentationer eller tänka på dina underordnades välbefinnande?

Var kritisk till möten och telefonsamtal. Fortfarande detsamma gäller: kommer det här mötet att främja mina mål eller inte? Onödiga möten kan raderas eller tackas nej. Behöver alla delta i mötena, eller räcker det med bara en från din egen organisation?

På så sätt kan du till exempel turas om med din egen kollega eller underordnad och effektivisera ditt arbete avsevärt.

När du lämnar bort ens ett möte om dagen sparar det fem timmar i veckan för riktigt viktiga uppgifter (eller möten). En beprövad metod är att göra en timslång privat bokning för din egen lunch varje vardag. Bara det ger en stunds andrum till dagen. Det är ännu mer effektivt att lägga till ytterligare en timmes privat händelse för varje dag, där du verkligen kan arbeta med dina viktiga uppgifter. På så sätt kommer din kalender inte att fyllas "av sig själv" varje dag, och du kommer att hinna göra mycket mer.

Jag föredrar personligen att det finns en gemensam kalender för arbete och fritid. På så sätt är alla evenemang på samma plats. Vi har inte "två liv" i alla fall, så vi skulle kunna vara på två ställen samtidigt. Min egen arbetskalender har alla evenemang och möten för fritiden också.

E-post

E-post är en förvånansvärt stor tidsätare för oss alla. Det kommer enorma mängder mejl varje dag. Därför är det viktigt att ha goda arbetsvanor när det gäller hur du använder din tid. Här är mina tips:

1. Fundera på om du överhuvudtaget behöver svara på meddelandet du fick. Om du inte behöver, svara inte. Varje mejl du skriver, även ett kort, tar din tid.

2. Observera att det vanligtvis finns ett svar på varje mejl du skickar, vilket återigen tar din tid (du måste läsa det och kanske också svara). Så försök att minimera antalet utgående e-post. Ett samtal eller chatt kommer att göra samma sak snabbare.

3. Skriv korta mejl. Ingen kan läsa romaner. Om du vill ge mycket bakgrundsmaterial, lägg dem som länkar.

4. Du borde reservera tydliga tider för dig själv när du håller e-postprogrammet öppet. Du bör inte skanna e-post hela tiden. Inkommande meddelanden kommer att avbryta ditt arbete. Om ärendet är riktigt, riktigt brådskande – ringer de på telefon. Tiden för att läsa mail är vanligtvis på eftermiddagen. Morgonen är den bästa tiden att producera text och förbereda viktiga saker.

5. Stäng av alla notification på din bärbara dator och speciellt på din telefon. De avbryter arbetet och orsakar konstant uppgiftsbyte.

6. Skapa mappar och automatiska regler för framtida e-post. Alla vanliga meddelanden av "FYI-typ" bör flyttas direkt till mappen med låg prioritet (eller liknande). Automatisera att så mycket som möjligt av "onyttig" e-post hamnar i en mapp som du tittar på kanske en gång om dagen eller en gång i veckan.

7. Håll inkorgen tom. När den föregående punkten är utförlig, hålls brevlådan bättre under kontroll. Jag har själv bara olästa e-postmeddelanden där som kräver åtgärder från mig. Jag flyttar de andra mejlen (om de inte redan har gjort det) till mappar direkt. På så sätt är innehållet i Inbox direkt korrelerat till min "arbetsbelastning".

8. Hur är en funktionell arbetslista? Relaterat till föregående punkt kräver meddelandena i min inkorg någon åtgärd från mig (eller är olästa). Dessutom för jag en att-göra-lista i mitt mejlprogram. Varje jobb har en deadline. Likaså med de viktigaste mejlen. På så sätt kan jag alltid se när nästa deadline är på väg och prioritera mina uppgifter. Alla saker som behöver åtgärder finns i mitt e-postprogram (antingen som meddelanden i inkorgen eller på uppgiftslistan). Kommer jag ihåg en ny uppgift eller får den från till exempel ett telefonsamtal, skriver jag ner den i arbetslistan.

Vikarier

När du är på semester eller ledig från jobbet, var på riktigt. Skaffa en vikarie även vid kortare frånvaro och berätta om det i ett frånvaromeddelande. Stäng av alla notification. Titta inte på dina jobbmail, Teams eller andra program. Vikaries uppgift är att sköta löpande ärenden. Ingen organisation ska vara beroende av någon enskild person. Det är dålig organisation och ledning. Kyrkogården är full av oersättliga människor.

Situationen är också ett bra tillfälle för vikarien att utveckla och praktisera en chefs (eller arbetsområdet för en högre chef/kollega). Så om du vill upp i organisationen ska du alltid vara ivrig att berätta om din vilja att vikariera! Gå igenom: vad som behöver tas om hand under frånvaron, vad som eventuellt kan förväntas och vad som ska göras om något oväntat händer. Jag rekommenderar inte att man vid varje oväntad situation kommer överens om att kontakta den som ska ersättas. Då blir det aldrig något av någon annans semester. Naturligtvis bör du bedöma situationen från fall till fall. Stöd finns vanligtvis i högre ledning eller i en annan enhet.

Det finns också så allvarliga situationer att det är nödvändigt att ha kontakt med den som vikarieras. Det är ändå värt att komma överens om någon form av spelregler. Till exempel en gång i veckan när alla frågor snabbt granskas under telefonsamtalet (mot att varje ärende rings upp separat).

Femminutersregeln

Jag har använt femminutersregeln för "obligatoriska" men enligt mig onyttiga uppgifter: Om du måste göra något meningslöst, lägg fem minuter på det. Inte mer. På dessa saker inkluderas därför uppgifter som inte riktigt går framåt att nå mina mål, men de är "tvingade" att göra av någon anledning. Mycket ofta fungerar femminutersversionen bra och ingen frågar mer. Om det inte räcker kan du använda fem minuter till och se vad som händer.

Som diskuterats i de föregående styckena verkar alla ha bråttom, men folk lägger sin tid på konstiga saker som egentligen inte har någon betydelse för att nå sina mål. "Känslan" av rusningen gör det å andra sidan orealistisk känslan att du är en "viktig" medlem i arbetsgemenskapen. Det är bara inte så. Gör rätta saker - inte effektivt fela saker.

Ta hand om dig själv

Du håller inte länge om du inte tar hand om dig själv. Sov åtta timmar per natt och försök att hålla en regelbunden rytm när du ska sova och när du vaknar. Detta har visat sig ha mycket positiva effekter på ditt liv. Även en liten sömnbrist påverkar dina aktiviteter direkt och även på lång sikt. Det finns flera mycket bra böcker om ämnet, där sömnens inverkan förklaras mer ingående.

Ät regelbundet, tillräckligt och hälsosamt (men inte för mycket). Du behöver protein, grönsaker, bär och grönsaker. Du behöver också kolhydrater för aerob träning. Undvik för mycket koffein, särskilt på eftermiddagen. Du ska inte dricka kaffe alls på kvällen. Använd alkohol med måtta eller inte alls. Din kropp behöver inte alkohol till någonting. Koffein och alkohol, även i små mängder, påverkar kvaliteten på din sömn negativt, vilket påverkar andra delar av ditt liv negativt.

Förutom sömn och hälsosam kost hjälper en god fysisk kondition dig att klara ditt krävande jobb. Det är värt att motionera mångsidigt, både aerobt och anaerobt. Sport möjliggör en bra grundkondition. När du blir äldre börjar muskelmassan avta, så anaerob muskelträning är bra. Det är också bra att komma ihåg muskelvård. Stretching bör tränas varje dag, och särskilt efter träning. Massage kan hjälpa mot stela axlar eller andra muskler. Det bör också finnas tillräckligt med vila. För hård kontinuerlig träning är också skadligt. Det måste finnas tillräckligt med återhämtningsdagar.

Kontakta läkare om du är orolig för din egen hälsosituation. Du är ansvarig för dig själv och din hälsa. Det är inte på andras ansvar. Självklart kan du få hjälp och råd av läkare. Jag är inte en läkare eller en närings rådgivare, så här är saker som har fungerat för mig. Det är värt att testa och fundera på vad som är en bra rytm för dig. Rutiner är ändå viktiga. Det är värt att överväga om de kan modifieras eller förbättras.

Jag har själv använt en metod som heter förbjudet list. Jag lärde mig det från en god vän till mig och modifierade det ytterligare något. Tanken är att sätta på listan sådana livsmedel eller drycker som inte får konsumeras alls. För många fungerar tydliga ja/nejlistor. Om du inte kan äta något alls, då kan du inte ens smaka på det med en sked.

Kom alltid ihåg helheten och dina mål. Om det är viktigt för dig att klara till exempel din tunga arbetsresa med presentationer, då är det viktigast att få det målet behandlat med kvalitet. Om det nödvändigtvis kräver ohälsosamt ätande (vilket jag dock tvivlar på), så gör det. Så länge du omedelbart återgår till "roten" efter det.

Skapa din egen brand

Du bör börja skapa din egen personliga (arbets)brand redan i början av din karriär eller senast nu. Särskilt i chefsarbetet har det en betydande inverkan på flera saker. Först och främst är det ett tecken på aktivitet och flit. Det kommer sannolikt att förbättra dina karriärmöjligheter. Det har förmodligen också en inverkan på arbetet med kunder eller egna teammedlemmar.

LinkedIn är definitivt det viktigaste verktyget för att skapa en brand arbetslivet. Din profil måste vara i sin ordning och du borde lägga till allt positivt som rör arbete och utbildning, som arbetsuppgifter och deras innehåll. Enbart listade titlar hjälper inte utomstående att förstå vad du faktiskt har gjort eller uppnått i olika positioner. Skriv inte för långa texter, men notera definitivt jobbets innehåll, ansvar och prestationer för varje jobb. Alla utbildningar, kurser och certifieringar borde läggas till.

Det är definitivt värt att satsa på valet av foto: Om du är chef eller vill bli det, lägg till ett företagsfoto där du ler och ditt huvud fyller en stor del av bilden. Du borde bli erkänd för det. Inte en tio år gammal bild som inte längre beskriver dig. Du borde tänka noga på din profilbeskrivning. Det är bra att lista dina viktigaste kunnande, intressen och prestationer.

När profilen är polerad (och den borde uppdateras varje gång du får mer erfarenhet) är det bra att fokusera på själva aktiviteten. Du bör visa aktivitet. Det enklaste är att gilla och kommentera andras text. Det är en bra början, men inte tillräckligt. Fundera på vilken typ av skrivande du vill bli känd för. Även om det verkar svårt, börja öva ändå.

Jag skulle se ledaren ta fram sakliga idéer och skrifter på LinkedIn. Skriv inte för mycket och skriv inte om ämnen som ingen är intresserad av. Jag rekommenderar att stanna kvar i frågor som rör arbetslivet. Om du till exempel kan en viss bransch, teknik eller metod kan du börja med att kommentera det ämnet eller skriva en blogg.

Du borde åtminstone vara registrerad på de mest populära sociala medieplattformarna. Gå minst varje vecka för att läsa information om dem, även om du inte producerar innehåll själv. Mycket information finns tillgänglig från vissa plattformar. Folk delar sina åsikter och kommenterar där. Organisationer använder social media. Någon skulle kunna fråga om informationen från sociala medier alltid är användbar. Inte nödvändigtvis. Men genom att vara aktiv och följa publikation av dina egna underordnade och dina kunder kan du fördjupa din kunskap om dem. Och knappast någon kan förneka att det skulle vara bra att känna dessa målgrupper bättre.

Förändringsledarskap och kommunikation

Det är fråga om mycket kommunikation med ledarskapet. En idé kan verka bra i ditt huvud, men om den inte förs fram i ett tal på ett sätt som passar situationen kan situationen sluta i katastrof. Kommunikation är viktigt. I det här avsnittet har jag delat upp det på följande sätt: med kommunikation menar jag att främja vissa saker genom olika kanaler till en större grupp (än till en person). Med informering menar jag här verbal interaktion för en person eller en liten grupp i en given situation. Diskussionsförmåga har redan granskats i de tidigare avsnitten av denna bok från olika perspektiv.

Det är fråga om kommunikation med förändringsledarskap, därför vill jag diskutera ämnet separat. Så vi vill påverka människors beteende. Kommunikation kan också bara ha ett informativt syfte: vi vill att allmänheten ska veta om X (FYI[3]). Det är

---

[3] For Your Information

oftast mer rakt på sak, så vi fokuserar mer på förändringsledning.

När man vill åstadkomma förändring krävs alltid vilja. Ju större sak, desto mer kraft behövs. Människor har ofta motstånd som standard. För vissa är det internt och tas inte fram externt. Motståndet kan vara starkt och att förändra det kräver långvarigt arbete.

Yttre motstånd kan ses och höras. Vissa människor tar lättare en kritisk ställning och pekar ut saker som gör att förändringen inte är värd att göra. Ibland är spelet smutsigt och det argumenteras med irrelevanta saker. Ofta också med rädsla. Det är lätt att slänga upp ett generiskt hot som skapar rädsla hos människor vilket kan vara svårt att ta bort. När känslan slår till förvirrar den lätt hela koncentrationsförmågan.

När du leder ska informationen vara så tydligt och enkelt som möjligt. Varför görs denna förändring? Vad betyder detta för oss som organisation? Vad betyder detta för individen? Vilka är stegen med vilka detta kommer att göras och varför? Vad är schemat? När informationen är tydlig och målinriktad kommer vi oftast dit enklast. Efter det ska informationen upprepas många gånger och kontinuerligt. Någon skulle till och med kunna prata om tjatande.

Dåliga chefer verkar ha en illusion om förändringsledning. De berättar det en gång och antar att det händer mycket på en natt. Ännu händer ingenting i verkligheten. Ingen kommer sannolikt att göra någonting. Förändringen bör förberedas innan den publiceras till allmänheten. Se först till att det finns tillräckligt många enskilda personer som stödjar ändringen. De kan vara andra chefer och/eller teammedlemmar. När du först engagerar och upphetsar några personer kan det göra det lättare att hantera ett större antal personer.

I förändringsledning bör du börja från slutet (=önskat slutresultat) och "gå" vägen till början. Om du vill ha en viss ändring fundera på vilka de konkreta stegen är att göra det med. Vad måste hända före varje steg. Om det inte finns några konkreta planer i ledningen, hur det fortskrider, händer ingenting. Mål kan inte hanteras, handlingar kan. Även om du planerar ändringar i förväg, måste du antagligen smidigt ändra något på vägen. Allt kommer definitivt inte att gå som du ursprungligen förväntade dig. Tänk sedan om situationen och fundera över hur du nu ska gå tillväga mot bakgrund av den nya informationen.

Prestationskunskaper

En bra ledare behöver inte nödvändigtvis vara den bästa i världen. Presentationskunskaper och att ge inspirerande presentationer gör det dock lättare att främja många saker, särskilt inom förändringsledning.

Jag har sett flera utmärkta introverta eller till och med lite blyga ledare. De brukar naturligtvis lyckas med en mycket viktig färdighet: att lyssna. Om stora prestationssituationer är spännande, oroa dig inte: det viktigaste är en-mot-en-möten med underordnade.

Förbereda dig för presentation

Eftersom chefer ofta stöter på olika prestationssituationer borde dessa färdigheter övas medvetet under hela din karriär. Även om det verkar svårt eller till och med motbjudande, är det värt att börja med grunderna, som bra förberedelser. Det inkluderar för det första målet: vad är det väsentliga med denna presentation, vad vill du uppnå? Det kan till exempel vara att främja en viss förändring, lära ut, motivera eller informera.

När målet är tydligt kan du fokusera på att tänka på det bästa sättet att uppnå det. En viktig del av att presentera är att känna till målgruppen. Det sätter utgångspunkten för hela innehållet i presentationen. Det är en helt annan sak att presentera för experter inom ett visst område om ett ämne de känner till, än för en publik som förmodligen inte vet så mycket om ämnet.

Så om möjligt, ta reda på i förväg vilka som kommer att finnas i din publik. Ju bättre du känner till dem och deras bakgrund, desto bättre kan du planera informationens "nivå". Det är inte alltid möjligt att veta något om publiken i förväg och det inkluderar olika slags människor med olika kompetensnivåer. I det här fallet är det svårt att behålla intresset och motivationen under hela föreställningen. Fundera på hur du kan tilltala olika grupper eller individer inifrån publiken, samtidigt som du håller presentationen intressant. Detta är inte nödvändigtvis lätt.

När du har tänkt på hur du ska nå målet, föreställ dig genomgång av din presentation . Hur mycket tid är det i presentation? Generellt sett är det lämpligt att lämna lite marginal, både vid oväntade situationer och frågor. Att lista och beskriva program kan vara en bra början till att fundera över presentationens struktur. Det finns två olika trend kring detta, men oftast rekommenderas att publiken får veta vad presentationen kommer att innehålla i början. Gå igenom programmet. Det hjälper med klassificeringen.

Med diabilder, less is more. Gör inte hundra, helst tio. Du bör inte inkludera mycket text i dem heller. Ofta gör folk sin presentation i ett "hand-out"-format, så att det kan dela till folk i efterhand. Jag tror dock inte att detta är ett bra sätt. En show är en show och dess flöde är huvudsaken. Den version som ska delas kan vid behov ändras i efterhand.

Vanligtvis, när du visar en bild, börjar publiken läsa den. Om den innehåller mycket text kommer de förmodligen inte att hinna lyssna på ditt tal lika intensivt. Det är därför du borde föredra lite text att läsa. Det är bättre att använda många bilder eller till och med (korta) videor. Ju mer du varierar innehållet (text, bilder, videor), desto mer intressant kommer din presentation att bli. Du kan till och med ibland lägga ett enda ord eller en fras på bilden för att väcka.

Ta hänsyn till andras upphovsrätt och eventuella affärshemligheter när du planerar materialet. Folk tar bilder med sina telefoner och vanligtvis delas presentationen ut efteråt. Så inkludera inte något i den som du inte vill att hela världen ska veta. Lämna bara sådana saker i ditt tal (det kommer såklart också att spridas).

Det viktigaste med planering är dock: börja tidigt. Lämna aldrig din presentation till sista dagen. Du borde börja förbereda dig så fort du vet om din prestation. Gör första funderingar och några anteckningar direkt. Din hjärna börjar fungera och ditt undermedvetna fungerar även när du sover eller gör andra saker. Det är värt att fortsätta arbeta med presentationen stadigt. En vecka innan ska presentationen vara 90 % färdig.

Ta dig tid att öva. Det har flera fördelar: när du faktiskt talar din presentation högt får du en uppskattning av dess längd. Förmodligen, i en verklig situation, kommer programmet att gå framåt långsammare (eller ibland snabbare) än du beräknat. Samtidigt kommer du att höra högt om något uttryck du säger är för konstigt eller olämpligt. Minst 3-5 träningstider är det absoluta minimum om du vill ha en flytande prestation. Även här är vi människor såklart olika. Det skulle vara bäst att presentera det minst en gång för en annan person som kan kommentera och ställa frågor som publiken sannolikt kommer att ställa. Öva, öva, öva.

Du har säkert sett många olika shower själv, varav några är tråkiga och några är dåligt gjorda. Så vilken typ av bild vill du ge? En bra presentation kommer säkert att ge dig positiva saker i framtiden. Oavsett om din publik är ditt team, dina kunder, dina partners eller ledningen för din egen arbetsgivare.

Om det är möjligt att kontrollera utrymmet i förväg, gör det då. Testa utrusningens funktionalitet. Gå på scenen och dra även din show en gång. Man får ett mentalt övertag när man redan har "upplevt" föreställningen och tagit över utrymmet. Tänk i förväg på vad du kommer att göra om ingen utrustning fungerar eller det finns andra tekniska problem. Du borde också förbereda dig för andra speciella situationer. Tänk om publiken är helt tyst? Tänk om det finns en kritiker i publiken som fortsätter att avbryta? Tänk om det komer mycket frågor? När du är förberedd behöver du inte tänka på allt ad hoc i själva situationen.

Tips för presentation

Kom alltid i tid, gärna 30-60 minuter innan själva föreställningen börjar. På så sätt hinner du lugna dig lite och andas lite. Det värsta är att komma springande i en fruktansvärd brådska och knappt hinna i tid. När du kommer i tid har du tid att kontrollera utrymmet och utrustningen. Kanske vill du tänka lite mer och komma ihåg de viktigaste punkterna i presentationen. Du borde "ställa" dig själv i ett lämpligt positivt sinnestillstånd. För vissa fungerar det att gå på toaletten precis innan föreställningen, slänga händerna i luften som en vinnare och skrika "yay!" För vissa hjälper det att återkalla ett bra minne. Hur som helst, sträva efter en positiv känsla och ett leende.

Om det finns ett kaffe evenemang eller annat nätverksevenemang innan din tur, använd det till din fördel. Gå gärna och prata med publiken. På så sätt är lyssnarna mer bekanta i förväg, och du lär dig lite mer om dem.

Det är ofta ett bra sätt att börja en presentation genom att presentera dig själv kort. Efter det, aktivera publiken på något sätt. Du kan till exempel fråga något relaterat till ämnet: "Hur många av er är..." Vilket förmodligen kommer att få åtminstone en del av publiken att räcka upp handen Ett annat klassiskt (och jag tycker bra) sätt är att be alla att stå. Be sedan en specifik grupp att sitta (t.ex. "Sitt om du aldrig har använt co-pilot"), utarbeta sedan med en ny begäran. Men poängen är att de som står inte är generade (t.ex.

de som aldrig har gjort något "coolt"). När du har fått publiken involverat är de vanligtvis mer intresserad av din presentation. Aktivering kan också göras mitt i presentationen eller i slutet.

Om det är flera talare på samma evenemang kan det vara bra att hänvisa till något som den förra gjorde, som också stödjer din egen presentation. Detta är särskilt bra om innehållet handlar om samma ämne.

Fundera i förväg om du kommer att tillåta frågor i mitten av presentationen eller bara i slutet. Du kan bestämma deras plats efter vad som känns mest naturligt för dig. Berätta i början i vilket skede frågor är tillåtna. Jag föredrar oftast att publiken kan avbryta. Detta ger bra dialog med publiken och lite överraskning. Parking-lot metoden är också bekväm: skriv frågorna (eller låt din assistent skriva dem) på post-it-lappar och lägg dem på blädderblocket. Du kan återkomma till dessa i slutet av presentationen.

Det borde vara självklart att du inte ska tala med en monoton röst. Variera volymen, hastigheten och liva upp din presentation i allmänhet. Du behöver inte överdriva, men stå åtminstone inte på ett ställe och prata tyst hela tiden. Att röra sig på scenen, använda händerna, ändra tyngden på ljudet, hjälper till att hålla publiken vaken och intresserad.

Se till att hålla ögonkontakt med publiken hela tiden. Du kan vara uppmärksam på alla "sektorer" med dina ögon och riktningen på din kropp. Ett bra sätt är att få ögonkontakt med någon på andra sidan och flytta blicken åt motsatt håll medan du pratar. Om det verkar för svårt eller spännande att stirra in i ögonen kan du titta på håret på bakre raden eller något ovanför. Detta gör att det ser ut för publiken att du talar till alla.

Jag personligen föredrar den klassiska "tre poäng" i slutet av showen. Sammanfatta de viktigaste punkterna, för för många lyssnare kan presentationens avslutande ord vara det enda de kommer ihåg.

Ett bra sätt är att tacka publiken och berätta att man kan höra av sig om ämnet i efterhand, och att du gärna pratar mer. Det är ofta bra att ha någon med dig för att göra anteckningar under din presentation. Han/hon antecknar alla frågor och observerar stämningen hos publiken. Han/hon berättar vilken kommentar som fungerar bra och vilken som inte gör det. På så sätt kan du få bra feedback från en "bekant" person. Å andra sidan behöver du inte komma ihåg eller lägga din tid på att skriva frågor och anteckningar. Du kan fokusera på att hålla presentationen själv. Det är inte alltid möjligt att använda sin egen "stödperson", men ur feedback och utvecklingsperspektiv är det ett riktigt bra sätt att komma vidare som talare.

Särskilda situationer under presentation

Oavsett hur väl du förbereder din presentation och hur erfaren du är som talare går inte allt alltid enligt plan. Det finns flera olika speciella situationer. Du kan inte helt förbereda dig för alla dessa. Tänk på en allmän handlingssätt i förväg, oavsett vad som händer. Ett sätt (inte nödvändigtvis det bästa) är att återkomma till saken i slutet. På så sätt kan du få mer frid att avsluta din presentation. Låt oss gå igenom några av de vanligaste specialsituationerna här.

Kritiker och andra avbrytare kan vara riktigt stressiga under din egen presentation. Vissa människor har alltid ett behov av att dominera eller underkuva andra. En del av publiken kanske ropar ut något i stil med "det stemmer inte". Ofta har de ingen motstycke att argumentera för sin kommentar. Du kan be dem om ett förtydligande: kan han motivera sin åsikt. I värsta fall kommer hela tiden av din presentation att spenderas på den här typen av argument. Det är inte bra för någon.

Ett sätt är att säga att vi tar slutfrågor och kommentarer i slutet av presentationen. Om detta inte heller hjälper är situationen riktigt svår. Det beror förstås på vilket tillfälle det är och vilken relation du har till publiken. Försök att lugna ner situationen. Stanna upp och le.

Andra en lite annorlunda svår situation är: en helt tyst publik. Speciellt om du vill att en interaktiv publik ska kommentera när du ställer frågor till dem. Hur som helst är detta i slutändan en lättare situation än avbrytare. I det här fallet bör du bara fortsätta din presentation till slutet som vanligt. Även om man känner att föreställningen inte blev lyckad kan publiken känna sig helt annorlunda.

Vad händer om apparater inte fungerar? Kan du genomföra en show utan stöd av diabilder? Det är alltid en bra idé att ha anteckningar eller stödlappar med dig för säkerhets skull, även om du vanligtvis inte behöver dem. Bara att veta att det finns en backup kan vara avkopplande. Apparat problem är sällsynta, men de händer. Det bästa vore att lära sig din presentation så bra att du inte behöver bilder för stöd alls. Jag har också sett flera mycket bra prestationer utan inga hjälpmedel: det är bara prat utan bakgrundsnoter. Testa att göra en övning där du håller en presentation utan något stöd.

Håll dig lugn och gå vidare. Oavsett vilka överraskningar som händer, är det upp till dig att dra igenom din presentation till slutet. Det kan hända att dagen inte är din bästa dag. Du kanske har fått en dålig nattsömn, du kanske precis har återhämtat dig från influensan, eller så kan det bli bråk med en nära och kär bakom dig. Alla dessa kan påverka ditt eget humör och därmed reflekteras direkt eller indirekt i din prestation. Även om det är svårt, försök att åtminstone skaka av dig de negativa vibbarna innan din presentation.

Efterarbete

När föreställningen är över, tänk på hur du kommer att hantera efterarbetet. Om du har gått med på att skicka materialet till publiken, gör det snart. På samma sätt, om du har lovat att svara på frågor som det inte fanns tid för på evenemanget, svara på dem. Det lär vara självklart att du gör allt du lovat. Det är också en trevlig gest att tacka deltagarna. Fundera på om du skulle skicka ett personligt tack till varje deltagare (privat mail) eller om ett gemensamt meddelande skulle passa alla. Ett personligt meddelande kommer säkert tas positivt. Upplevelsen efter föreställningarna är alltid subjektiv och det spelas med mentala bilder. Om du får via efterarbete en förbättrad positiv bild kommer det säkert att hjälpa dig senare i din karriär. Eller öppna upp för andra möjligheter.

Be om feedback på din presentation och hur den kan förbättras. Gör en självutvärdering: gjorde du några misstag, dåliga ordval eller märkte du att publiken somnade under ett visst avsnitt. Vad kan göras bättre nästa gång? Feedbacken från lyssnarna är av största vikt. Du ska dock komma ihåg att du kan få helt motsatt feedback från samma presentation. Du kan inte direkt ändra din presentation bara baserat på en specifik kommentar. Ta feedbacken på allvar, men tänk alltid själv vilka förändringar du kan göra.

Om du inte tycker att framträdandet gick perfekt eller om du tror att du gjort misstag, oroa dig inte. De händer alla och vi måste lära av dem. Misstag kommer sannolikt att finnas med i varje föreställning och allt går inte alltid som planerat. Huvudsaken är att allmänheten i stort sett varit nöjd. Det är inte värt att ge upp, även om föreställningen gick helt dåligt. Lär dig, utveckla och börja förbereda en ny presentation!

Karriärtankar

Oavsett hur konsekvent du planerar din egen karriär, blir allt inte alltid som förväntat och oväntade situationer inträffar. Tänk först på målet: vad vill du sikta på? Vill du bli VD för ett börsbolag eller är det din dröm att leda ett enda team? Det är också värt att hela tiden fundera (minst årligen) om du har ändrat din åsikt om framtiden.

Ibland kan man ha mer "hunger", ibland kan man konstatera att nu är en bra situation. När du tänker på ett mål är det värt att känna efter vad din passion är. Om du inte har det för ditt nuvarande jobb är det svårt att hålla år på samma plats. Å andra sidan, även om passion är viktig, kan andra realiteter i livet komma mot. Det är inte alltid det bästa, ekonomiskt eller av andra skäl, att göra precis det man verkligen vill göra. Ändå är det viktigt att fundera över vad som är den bästa lösningen.

Utan ett mål är det i alla fall svårt att tänka på vilka saker och ting bidrar till framgång. Tänk från slutet till början på vilken kompetens som behövs. Samla i alla fall användbara och önskvärda erfarenheter och lista dem i din LinkedIn-profil och CV. Ju mer mångsidig erfarenhet du har, desto större möjlighet att söka olika tjänster i framtiden. Det är alltid värt att ha minst en "rätt" och efterfrågad färdighet, även om huvudjobbet är ledarskap (eller något annat). Det brukar finnas mer efterfrågan på "riktiga doers" än "hand wavers".

Det klassiska övervägandet är detta: är det bättre att hitta ett (eller några) längre anställningsförhållanden i arbetshistorien än många kortare? Frågan är komplicerat. Långa arbetsrelationer berättar om engagemang och att samla erfarenhet inom ett visst område. Å andra sidan kan fler jobb och arbetsgivare förbättra perspektivet och ge en bredare (men kanske smalare) erfarenhet från flera områden. Kanske kan en viss kombination av lång och kort vara optimal för många.

Ett annat klassiskt övervägande är relaterat till kompetens. Vill du vara en djup expert inom ett visst smalt område eller mer av en generalist som kan lite, men bredare. Båda har sina egna bra och utmanande aspekter: Som en djup expert kan du vara riktigt eftertraktad och du kommer att få mycket betalt för det. Å andra sidan, om innehållet i din expertis förlorar sin mening eller efterfrågan på den minskar, kan du hamna i en svår situation. Du kanske måste börja om från början för att studera något nytt eller leta efter andra alternativ. En generalist kan få arbete i större skala, men å andra sidan är världen full av dem: konkurrensen är hård. Lönen kan också bli lägre eftersom det är relativt sett fler konkurrenter vilket pressar ner ersättningen.

Den tredje klassiska frågan: Är det värt att ta emot tråkiga jobb? Eller välja de som är mer meningsfulla och verkar leda mer mot målet? Du kan gå fel med dina val, och det kommer inte att främja din karriär. Allt kan inte alltid tas beaktande.

Men faktum är att någon måste göra de där tråkiga uppgifterna. Men är det jobbet som ingen borde göra alls? Om du får ett rykte om att du också tar emot tråkiga och utmanande uppgifter med entusiasm kommer detta säkert att kommas ihåg senare. Vi letar alltid efter arbetare som vidtar åtgärder och klagar inte hela tiden. Detta gäller också ledare.

Du ska alltid komma ihåg att du måste ta hand om dig själv. Om vissa uppgifter verkligen är för tunga för dig mentalt, så ska du inte göra dem. Å andra sidan underskattar vi ofta oss själva. Jag rekommenderar att vara allmänt öppen för de uppgifter som erbjuds och att säga "ja" mer än "nej". Du lär dig ofta mycket av dessa utmanande uppgifter och utvecklas som professionell.

Tycker du att du är den bästa ledaren?

Kommer lektionerna i den här boken att göra dig till den bästa ledaren? Genom att följa dem blir du åtminstone bättre och vill hela tiden förbättra dig. Det viktigaste är att tänka igenom saker och ting. Vilken typ av ledare vill du bli? Hur kan du tillämpa lärorna på ett sätt som passar din situation? Hitta ditt eget sätt att arbeta och tänk på förbättringar.

En av de viktigaste färdigheterna är situationsmedvetenhet. Det kan man inte lära sig av en bok. Du måste lägga märke till de saker där flexibilitet behövs. Alla regler kan inte tillämpas på varje punkt. Sätt dig själv i den andras position och fundera på den bästa lösningen. Man klarar sig inte utan empati. Människor ska respekteras.

Tydliga mål är utgångspunkten för att främja saker. Utöver det behövs prioritering: Vad är viktigast om det inte finns tid till allt? Själva målen kan du inte leda. Fundera över vilka åtgärder som behövs för att åstadskomma och kontrollera dem. Förmans stöd är särskilt viktigt. Men mikrohantera inte.

Satsa på att motivera och belöna människor. Nöjda underordnade ger bättre resultat och är självständiga. Du borde hålla fast de goda arbetare. Belöna dem på lämpligt sätt. Kom ihåg de goda principerna för att berömma individer och teamet. Var alltid positiv och se förändringar som möjligheter!

Var beredd på överraskningar. Livet är mångsidigt och det återspeglas i arbetsgemenskapen. Åtgärda problem omedelbart. Om du inte reagerar på utmanande situationer, ger du ditt tysta godkännande till det. Be om hjälp om det behövs. Kom ihåg att ta hand om dig själv också. Jobbet som chef är svårt och du kan inte göra det länge med sömnbrist eller dålig kost.

Utöva gärna ledarskap. Acceptera möjligheter att utvecklas. Kom dock ihåg att situationer är verkliga för människor. Om du behandlar dem illa kommer det att kommas ihåg länge. Effekterna av dåliga beslut är långvariga. Det är lättare att slå sönder saker än att fixa dem. Bygg förtroende på lång sikt. Det finns för många dåliga ledare i världen – utveckla det bästa av dig själv!

Om författaren

Till sin utbildning har han en diplomingenjörs exam och en ekonom magister exam. **Jari Niemi** har arbetat inom IT-området i över 20 år, 12 av dem som chef. Jari har i sin karriär lett individuella lag som t.ex en organisation på 90 personer i posten som vice ordförande. I dag leder han ett tillväxtföretag som vd. På fritiden tycker han om att umgås med familjen, träna, läsa, skriva och resa.

Mentorskap och coachning av yngre forskare är viktigt för honom. Det öppna utbytet av egen erfarenhet och utbildning av nya chefer är givande för båda parter. Att hjälpa andra i deras karriärer borde stå på agendan för alla professionella. Ingen är någonsin redo som ledare - du kan alltid förbättra dig!

Milton Keynes UK
Ingram Content Group UK Ltd.
UKHW032221231124
451423UK00014B/1317